Alexander Groß

I0018277

Referenzmodellierung

Klassifikationen und Beziehungen zu anderen Modellkonstruktionsansätzen

GRIN - Verlag für akademische Texte

Der GRIN Verlag mit Sitz in München hat sich seit der Gründung im Jahr 1998 auf die
Veröffentlichung akademischer Texte spezialisiert.

Die Verlagswebseite www.grin.com ist für Studenten, Hochschullehrer und andere Akade-
miker die ideale Plattform, ihre Fachtexte, Studienarbeiten, Abschlussarbeiten oder Disser-
tationen einem breiten Publikum zu präsentieren.

Dokument Nr. V132963 aus dem GRIN Verlagsprogramm

Alexander Groß

Referenzmodellierung

Klassifikationen und Beziehungen zu anderen Modellkonstruktionsansätzen

GRIN Verlag

Bibliografische Information der Deutschen Nationalbibliothek: Die Deutsche Bibliothek
verzeichnet diese Publikation in der Deutschen Nationalbibliografie; detaillierte bibliografische Daten sind im Internet über http://dnb.d-nb.de/ abrufbar.

1. Auflage 2008
Copyright © 2008 GRIN Verlag
http://www.grin.com/
Druck und Bindung: Books on Demand GmbH, Norderstedt Germany
ISBN 978-3-640-39779-2

Inhaltsverzeichnis

Abbildungsverzeichnis

1. Einleitung

Mit dem Begriff „Referenzmodellierung" wird ein sehr umfangreiches, viele Bereiche umfassendes Konzept bezeichnet, das sowohl in der Wirtschaft, als auch im Informations- und Kommunikationssektor seit Anfang der 1990er Jahre zunehmend an Beachtung gewonnen hat (vgl. [Hars, 1994], [Schütte, 1998], [Winter, 1999], …)[1]. Trotz der gestiegenen Aufmerksamkeit und der zahlreichen Publikationen ist es jedoch bis jetzt nicht gelungen, eine allgemeingültige Definition des Referenzmodellierung-Begriffs durchzusetzen. Lediglich im deutschsprachigen Raum haben Ende der 90er Jahre die Dissertation von Reinhard Schütte [Schütte, 1998] und die Tagung „Referenzmodellierung" an der Universität Münster [European Research Center for Information Systems (ERCIS), 2006] zur Präzisierung beigetragen, wobei auch hier noch immer unterschiedliche Auffassungen auftauchen [Thomas, 2006, S. 7].

Ein Grund hierfür ist sicherlich auch die oft fehlende, korrekte Abgrenzung des Themas im Umfeld der Wirtschaftsinformatik.

Im Rahmen dieser Arbeit soll eine genauere Auseinandersetzung mit dem Thema Referenzmodellierung stattfinden, wobei, neben dessen Grundlagen und Definitionen, vor allem auf mögliche Klassifikationsansätze, sowie auf Beziehungen zu anderen Möglichkeiten der Modellkonstruktion, eingegangen wird. Mit der klaren Differenzierung zu anderen Forschungsgebieten, tragen folgende Ausführungen zur Verdeutlichung der Stellung der Referenzmodelle in der Wirtschaftsinformatik bei und helfen damit, einen kleinen Schritt weiter in Richtung allgemeingültiger Begriffsdefinition zu kommen.

---

[1] Vgl. Anhang 1 als Beispiel für ein Referenzmodell.

2. Grundlagen der Referenzmodellierung

2.1 Motivation und Begriffserklärung

Unternehmen einer Klasse[2] besitzen einen Teil nahezu identischer, branchenspezifischer Prozesse und einen Teil individueller Prozesse. Fast alle Banken verfügen beispielsweise über Online Banking, After Sales Services und Kundenberatung, wohingegen nur wenige Banken z.B. Mobile Banking anbieten. Deshalb liegt es nahe, zu schlussfolgern, dass es zwar einerseits, aufgrund der spezifischen Prozesse eines Unternehmens, unmöglich ist, Modelle, die die gesamte Klasse umfassen, zu generieren, andererseits es aber die Standardvorgänge einer Branche erlauben, über den Einzelfall hinaus wiederverwendbare Modelle [Becker, 2004, S. 1] zu entwerfen.

Diese erneut verwendbaren Modelle, welche die kontextunabhängigen Standardabläufe einer Klasse darstellen, werden Referenzmodelle genannt [Schütte, 1998, S. 9]. Aus den oben genannten Punkten erschließt sich die Verwendung der Referenzmodelle. Sie dienen als Ausgangspunkte unternehmensspezifischer Anpassungen, ohne deren Hilfe es unmöglich ist, sämtliche Informationen und Prozesse eines Unternehmens, welche sich auch während der Modellierung ständig verändern, abzubilden [Schütte, 1998, S. 6]. Daraus ergeben sich die zwei elementaren Einsatzfelder der Referenzmodellierung, nämlich die Abbildung des unternehmensspezifischen Informationssystems und die Analyse und Verbesserung des bestehenden Systems [Schütte, 1998, S. 69]. Die wichtigsten Vorteile dabei sind Zeit-, bzw. Kostenersparnis und die Qualitätsverbesserung bei der Erstellung von Informationsmodellen [Thomas, 2006, S. 8].

---

[2] Klasse = Branche z.B. Finanzdienstleistungsbranche, Automobilbranche, ERP-Software-Anbieter… .

2.2 Referenzmodellierungs-Sprachen, Methoden und Werkzeuge

Bei der Wahl der verwendeten Referenzmodellierungssprachen müssen drei Voraussetzungen erfüllt werden. Die Sprachen müssen strukturelle, funktionale und hierarchische Aspekte beschreiben können. Entity-Relationship-Modelle (ERM) [Chen, 1976, S. 9-36] und ereignisgesteuerte Prozessketten (EPK) [Scheer, 1992] erfüllen diese Anforderungen und werden daher sehr häufig im Rahmen der Referenzmodellierung verwendet. Primär ist dies auf den sehr hohen Verbreitungsgrad, dessen hohe Anschaulichkeit und die hauptsächliche Konstruktion auf fachkonzeptioneller Ebene zurückzuführen, was auch auf die Nähe zur Betriebswirtschaftslehre hinweist. [Schütte, 1998, S. 92]

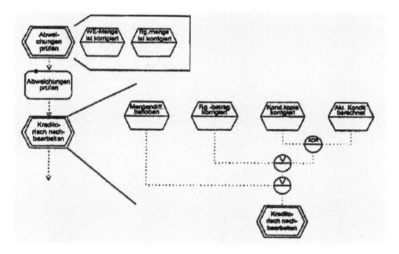

Abb. 1: Hierarchisierung von Ereignissen in einer EPK [Schütte, 1998, S. 107]

Da auch auf DV- und Implementierungsebene Referenzmodelle Anwendung finden [Schütte, 1998, S. 72], tauchen in der Literatur auch SOM, UML oder diverse andere, teilweise unternehmenseigene, Sprachen auf [Fettke, 2004, S. 17]. Diese dürfen auf keinen Fall vernachlässigt oder als unbedeutend bezeichnet werden, da sie im Rahmen vieler Referenzmodelle optimalen Einsatz finden. Im Folgenden wird jedoch aussschließlich mit dem ERM/EPK-Ansatz weiter verfahren.

Bei den möglichen Methoden, Referenzmodelle zu konstruieren, hat sich bis jetzt kein Ansatz herauskristalliisiert, der generell Anwendung findet. Vielmehr exisitieren viele

3

abgeschloßene Vorgehensweisen, die jeweils mögliche Richtlinien darstellen. Es besteht daher hier nur die Möglichkeit, die den wichtigsten Ansätzen (vgl. [Hars, 1994], [Schütte, 1998],…) gemeinsamen Punkte, zusammenzufassen.

Diese unterteilen die Referenzmodellierung in Konstruktion und Anwendung [Fettke, 2004, S. 18].

Die Konstruktion besteht aus einem vierstufigen Leitfaden, mit dessen Hilfe die Erstellung eines Modelles durchgeführt werden soll. Die Stufen sind Problemdefinition, Konstruktion im engeren Sinne, Bewertung und Pflege. Kurz gesagt formulieren die meisten Autoren zunächst das zu lösende Problem, entwickeln anschließend eine Lösung, welche sie konstruktionsbegleitend bewerten und entsprechend pflegen, bzw. weiterentwickeln.

Die Anwendung ist ebenfalls aus vier Teilen aufgebaut und dient der Gestaltung betrieblicher Systeme. Die vier Stufen setzen sich aus Auswahl, Anpassung, Integration und Anwendung im engeren Sinne zusammen. Knapp zusammengefasst wird zunächst eine Methode gewählt, diese den individuellen Bedürfnissen angepasst und in das Unternehmen integriert, wo sie schließlich verwendet wird.[3]

Das Hauptproblem dieser Vorgänge ist ihre mangelnde Flexibilität, weshalb es in den meisten Fällen nicht möglich ist, mehrere Methoden zu kombinieren, ohne größeren Aufwand betreiben zu müssen. Dies gilt es zukünftig zu verbessern, um die Vorteile mehrere Ansätze kombiniert und flexibel nutzen zu können [Fettke, 2004, S. 20].

Die Werkzeugunterstützung zur Erstellung und Anwendung von Referenzmodellen, erstreckt sich von simplen Grafikbearbeitungsprogrammen (vgl. z.B. Corel Draw der Corel Corp.), über Modellierungswerkzeuge mit leistungsfähiger Modellverwaltung (vgl. z.B. Aris Toolset [Davis, 2000]) bis hin zu hoch komplexen und leistungsfähigen Ansätzen wie Meta-Case-Werkzeuge (vgl. z.B.[Nüttgens, 1995]), Virtual Reality (vgl. z.B [Allisat, 2002, S. 53-68]) oder konfigurativer Referenzmodellierung (vgl. z.B. H2-Toolset [Becker, 2006b]). Grundsätzlich wünschenswert ist die Umsetzung von all bisher genanntem, wenngleich dies in der Praxis schwer umzusetzen ist und noch von keinem Tool vollständig realisiert wird. Die Wahl der geeigneten

---

[3]Für ausführlichere Erklärungen siehe [Fettke, 2004, S. 18].

Werkzeugunterstützung findet, je nach Modellierungsgegenstand, den dazugehörigen Anforderungen und den Möglichkeiten des Modellierers, statt.

Aufgrund der Fülle verfügbarer Programme wird hier verzichtet näher auf einzelne einzugehen. Nur das wohl am weitesten verbreitete Werkzeug, das Aris Toolset der IDS Scheer AG [Scheer, 1997a], auf dem Erweiterungen (z.B. adapt(x) [Becker, 2006a]) vieler neuer Ansätze aufbauen, sei an dieser Stelle erwähnt.

3. Abgrenzung und Klassifikation von Referenzmodellen

3.1 Begründung der Notwendigkeit einer Abgrenzung

Bei der Einordnung von Modellen stellt sich häufig die Frage, ob es sich um ein Referenz-, oder Metamodell handelt [Schütte, 1998, S. 72]. Dies und die Tatsache, dass häufig der Unterschied zwischen Referenzmodellen und generischen Modellen unklar ist, bzw. diese als identisch angesehen werden, macht es notwendig jene Modelle näher zu erläutern und von der Referenzmodellierung abzugrenzen [Schelp, 2006, S. 556].

3.2 Abgrenzung Referenzmodell – Metamodell

Um Referenzmodelle von Metamodellen abzugrenzen, bietet es sich an, das Konzept der semantischen Stufen zu verwenden [Schütte, 1998, S.72]. Während ein Referenzmodell als Empfehlung für die Konstruktion von Modellen verwendet werden kann, also im Endeffekt nichts anderes als ein Modell ist, beschreibt ein Metamodell eine Modellierungssprache. Ein Referenzmodell betrachtet also die Semantik eines Modells und befindet sich auf der gleichen semantischen Stufe wie ein Modell. Ein Metamodell hingegen muss eine Stufe höher angesiedelt werden und als Modell eines Modells, welches die Syntax des Modellsystems beschreibt, verstanden werden.

Ein weiterer Unterschied ist, dass jedes Modell eine Instanz eines Metamodells sein muss, aber nicht zwingend ein Referenzmodell benötigt. Als Analogschluss kann demnach gefolgert werden, dass ein Referenzmodell, welches im Grunde ja nur ein wiederverwendbares Modell ist, also auch ein Referenzmetamodell benötigt. [Schütte, 1998, S.72,73]

Diese etwas abstrakten Ausführungen werden in Abbildung 2 grafisch verdeutlicht.

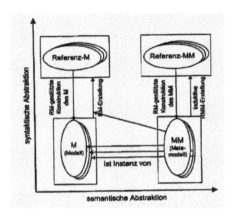

Abb. 2: Abgrenzung Referenzmodell – Metamodell [Schütte, 1998, S. 73]

3.3 Abgrenzung Referenzmodell – generisches Modell

Man unterscheidet zwei Arten von Modellen: Spezifische, auf einen Bereich spezialisierte Modelle und generische, für den jeweiligen Anwendungsfall oder Benutzer anpassbare/erweiterbare Modelle. Ein Referenzmodell, welches auf bestimmte Gegebenheiten ausgerichtet ist und bei Bedarf wiederverwendet werden kann, zählt daher eindeutig zu den spezifischen Modellen. Auch die meisten bekannten Werkzeuge, wie z.B. Aris, Bonapart oder Promet, verwenden nicht generische Ansätze, da sie lediglich die Möglichkeit offerieren, die bereits bestehenden Referenzmodelle erneut zu verwenden. [Rupprecht, 1999, S. 5]

Aufgrund zunehmenden Absatzrisikos einerseits und immer spezifischeren Modellbedürfnissen andererseits, sind jedoch in den letzten Jahren zunehmend generische Referenzmodelle entwickelt worden (vgl. [Becker, et al., 2007], [Becker, 2006b], [van der Aalst, 2006]...). Diese Modelle, im folgenden „konfigurative Referenzmodelle" genannt, erweitern die einfache Wiederverwendung durch Möglichkeiten der Individualisierung und Anpassung[4]. [Rupprecht, 1999., S. 9]

"All reference models are generic by nature..." [Schelp, 2006, S. 556].

---

[4] Vgl. dazu auch Gliederungspunkt 4.

Da jedes nicht generische Referenzmodell als statische Vorlage genutzt werden kann, um manuell angepasst oder erweitert zu werden (was sehr häufig praktiziert wird), besteht im Prinzip immer die Möglichkeit der Individualisierung bzw. Anpassung und es kommt häufig - wie bei Schelp - zu einer irrtümlichen Gleichstellung mit konfigurativen Referenzmodellen.

3.4   Begründung der Notwendigkeit von Klassifikationsansätzen

Forscht man im Bereich der Referenzmodellierung, wird schnell deutlich, dass eine enorme Menge an unterschiedlichsten Modellen, Ansätzen und Vorgehensweisen existiert. Aus Sicht der Autoren besteht ein größerer Spielraum all diese zu deuten, was Anlass dafür ist, Referenzmodelle in Klassen einzuordnen, mit deren Hilfe passende Modelle schneller gefunden werden können [Fettke, 2004, S. 9]. Zu diesem Zwecke gibt es viele Klassifikationsansätze aus der Literatur und Praxis. Die im Folgenden erläuterten stellen eine Auswahl der relevantesten Typisierungen dar. Das wichtigste Kriterium bei dessen Auswahl ist, dass möglichst alle Referenzmodelle erfasst werden und der Ansatz von nahezu jedem genutzt werden kann.

3.5   Klassifikation nach Gegenstands- und Aussagenbereich [5]

Ein Standardwerk, was die Klassifikation von Referenzmodellen angeht, stellt die Arbeit von Fettke und Loos dar. Die beiden Autoren bauen ihre Typisierung „auf einem aufgeklärten kritisch-rationalen Wissenschaftsverständnis" [Fettke, 2004, S. 9] auf und berufen sich dabei auf den anerkannten Unterschied zwischen Gegenstands- und Aussagenbereich [Raffée, 1995, S. 44-46].

Der Gegenstandsbereich beinhaltet vorgefundene Phänomene. Diese sind, wie z.B. das SAP Referenzmodell von [Scheer, 1997b], wissenschaftlich zu erfassen, zu beschreiben und zu erklären. Im Aussagenbereich finden sich von Wissenschaftlern fabrizierte, theoretische Konstrukte, welche in fünf Bereiche unterteilt werden können [Chmielewicz, 1994].

---

[5] Vgl. [Fettke, 2004, S. 9-12].

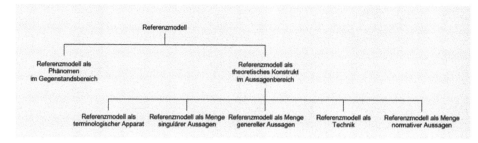

Abb. 3: Systematisierung möglicher Deutungen des Referenzmodellbegriffs [Fettke, 2004, S.10]

Diese Unterteilung umfasst:

- Referenzmodell als terminologischer Apparat: Ein Referenzmodell stellt hier eine Begriffssammlung oder einen begrifflichen Bezugsrahmen, welche eine sprachliche Verortung eines bestimmten Raum-Zeit-Gebiets erlauben, dar. Ein Beispiel ist das Y-CIM-Modell [Scheer, 1997b].

- Referenzmodell als Menge singulärer Aussagen: Hierbei handelt es sich um eine möglichst genaue Beschreibung eines Referenzmodells aus dem Gegenstandsbereich. Diese kann als Menge singulärer Aussagen im Aussagenbereich aufgefasst werden.

- Referenzmodell als Menge genereller Aussagen: Hier beziehen sich die Aussagen eines Referenzmodells nicht auf ein einzelnes Unternehmen, sondern auf eine Klasse von Unternehmen.

- Referenzmodell als Technik: In diesem Fall wird ein Referenzmodell als eine Technik ohne empirischen Gehalt gedeutet, die in der Praxis Verbesserungspotential aufweist. Die Wirtschaftsinformatik übernimmt hier den Test der Leistungsfähigkeit des Referenzmodells.

- Referenzmodell als Menge normativer Aussagen: Menschliches Handeln wird bei dieser Art Referenzmodell durch Regeln, Vorschriften, Gesetze oder Maßstäbe vorgeschrieben. Ein solches Modell wird beispielsweise von [Holten, 2003, S. 11f.] spezifiziert. [Schütte, 1998, S. 69] beschreibt ebenfalls ein solches

8

Modell, jedoch in abgeschwächter Form, da er lediglich von Empfehlungen spricht.

Der Ansatz von Fettke und Loos beschreibt im Grunde alle Arten von Referenzmodellen und wird von vielen Wissenschaftlern als Standardwerk verstanden. Da die Unterscheidung im Aussagenbereich jedoch als sehr schwierig angesehen wird sollen im Folgenden weitere Klassifikationsansätze untersucht werden.

3.6 Klassifikation anhand von Qualitätssicherungsmethoden

Aufgrund der wachsenden Bedeutung qualitativ hochwertiger Modelle und deren Entwicklungsprozess, ist es sinnvoll, Referenzmodelle anhand der möglichen Qualitätssicherungsansätze zu klassifizieren.

Hierbei kann in sichtenspezifische und sichtenübergreifende Ansätze unterschieden werden [Schütte, 1998, S. 156].

In der Literatur finden sich etliche sichtenspezifische Ansätze. Zu den gebräuchlichsten zählen die Werke von [Batini, 1992] und [Moody, 1998], wobei hier die Qualitätsmerkmale für Datenmodelle nach Batini als repräsentatives Beispiel erläutert werden. Dieser stellt mit Vollständigkeit, Korrektheit (semantisch/syntaktisch), Minimalität, Ausdruckskraft, Lesbarkeit, Selbsterklärungsfähigkeit, Erweiterbarkeit und Normalität eine Liste von Kriterien, incl. für jedes Merkmal genauer spezifizierte Anforderungen, zusammen und bemisst anhand des Erfüllungsgrades der einzelnen Merkmale, die Gesamtqualität des Modells. Viele weitere Autoren verfahren vom Prinzip her analog und beschäftigen sich ebenfalls mit der Qualität von Datenmodellen, wohingegen es kaum Werke gibt, die sich explizit mit Prozessmodellen befassen [Leist, 2007b, S. 15].

Die bedeutensden sichtenübergreifenden Ansätze werden von [Krogstie, 1995], [Pohl, 1996] und [Schütte, 1998] vorgestellt. Krogstie/Lindland und Sindre haben ein Framework entwickelt, das in sechs semiotischen Ebenen eine Kommunikationsstruktur darstellt, mit deren Hilfe die Modellbewertung durchgeführt werden kann. Pohl fokussiert den Prozess des Requirements Engineering und beschreibt die Transformation des Wissens von einer informalen in eine formale Sprache, das

verbesserte Systemverständnis und ein einheitliches Verständnis der Systemspezifikation, als die wesentlichen Ziele. [Schütte, 1998, S. 160-165]

Die „Grundsätze ordnungsmässiger Modellierung" (GoM), die von Schütte 1995 definiert und 1998 zu den GoM II weiterentwickelt wurden[6], werden hier als Beispiel sichtenübergreifender Ansätze etwas näher betrachtet.

Anhang 2 fasst sehr anschaulich die im Folgenden erläuterten sechs Zielklassen der erweiterten GoM zusammen und geht auf deren Ziele bzw. Bedeutung näher ein.

Die sechs Zielklassen der GoM ([Leist, 2007b, S. 24-30], [Schütte, 1998, S 111-174]):

1. Konstruktionsadäquanz entspricht der Problemdarstellung und prüft die Einigkeit der Modellierer in Bezug auf das zu konstruierende Problem, sowie dessen Art der Umsetzung.

2. Sprachadäquanz befasst sich mit der Spracheignung, die sich auf die Semantik der Problemdarstellung bezieht und Sprachrichtigkeit, welche die syntaktische Richtigkeit darstellt. Es genügt nicht, ein Modell dem Metamodell entsprechend zu konstruieren, sondern es muss auch vom Benutzer verstanden werden.

3. Wirtschaftlichkeit überprüft, ob Flexibilität, Anpassungsfähigkeit, Granularitätsgrad und Übersetzbarkeit in andere Sprachen in erforderlichem Ausmaß vorhanden sind.

4. Klarheit bezieht sich auf die Verständlichkeit und Eindeutigkeit des Modellsystems.

5. Systematischer Aufbau befasst sich mit der Konsistenz von Modellen unterschiedlicher Sichten, also der Inter-Modellkonsistenz. Diese Zielklasse analysiert demnach die Vergleichbarkeit von Modellen mit verschiedenen Metamodellen.

6. Vergleichbarkeit betrachtet kompatible Modelle, setzt also identische Metamodelle voraus und befasst sich mit deren semantischer Vergleichbarkeit. Hier kann man von Intra-Modellkonsistenz sprechen.

---

[6] Schütte ergänzte die GoM 1998 um Klarheit, systematischer Aufbau und Vergleichbarkeit.

Ziel der GoM ist es, mögliche Ereignisse/Zustände hierarchisch je nach Tauglichkeit für das jeweilige Modell einzustufen. Die Qualität wird dabei durch das Präferieren von Alternativen, die das aktuelle Modellierungsziel am besten stützen, gesichert [Schütte, 1998, S. 135]. Problembehaftet ist, dass manche dieser sechs Zielklassen sich inhaltlich stützen, einige jedoch auch gegensätzlich wirken. Sprachadäquanz stützt beispielsweise Vergleichbarkeit, ist aber mit den Zielen der Wirtschaftlichkeit schwer zu vereinen. Außerdem erfolgt die Ermittlung der Ziele für die einzelnen Klassen zu einem großen Teil subjektiv und unabhängig von anderen Klassen [Schütte, 1998, S. 135].

Wie bei den GoM näher erläutert, hat auch jeder andere Ansatz Vor- und Nachteile und ist, je nach Zweck des Referenzmodells, mehr oder weniger gut geeignet[7].

3.7 Klassifikation nach dem Schema von Informationsmodellen [8]

Reinhard Schütte bezieht sich mit seiner Typisierung sehr stark auf die Nähe der Referenzmodelle zu den Informationsmodellen.

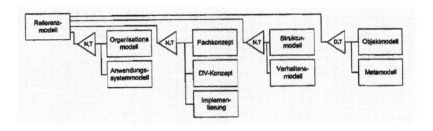

Abb. 4: Typisierung von Referenzmodellen [Schütte, 1998, S. 71]

Beurteilt man die Referenzmodelle nach ihrem Zweck, so kann man in Referenz-Organisationsmodelle (vgl. z.B. das Handelsinformationssystem, das Schütte 1996 entwickelte) und Referenz-Anwendungssystemmodelle (vgl. z.B. das SAP Referenzmodell von Scheer [Scheer, 1997b]) unterscheiden. Laut Schütte werden in der Literatur außerdem häufig die Referenz-Vorgehensmodelle (vgl. z.B. das Wasserfallmodell) als dritte Gruppe angegeben.

---

[7] Für einen weiter verdeutlichenden Vergleich aus Sicht der GoM II mit den anderen Ansätzen sei auf Anhang 3 und [Schütte, 1998, S. 166ff] verwiesen.

[8] Vgl. [Schütte, 1998, S. 71-74].

Eine weitere Möglichkeit ist es Referenzmodelle, wie in der Wirtschaftsinformatik üblich, in eine der drei Entwicklungsebenen einzuteilen. Man kann Referenzmodelle demnach in Fachkonzeptebene, DV-Konzept-Ebene oder Implementierungsebene einteilen.

Wie bei Informationsmodellen bietet sich auch die Unterteilung in Strukturmodelle oder Verhaltensmodelle an.

Letztlich besteht noch die Möglichkeit zwischen Referenz-Objektmodell und Referenz-Metamodell zu differenzieren.

Zur näheren Erläuterung der Klassifikationsmöglichkeiten nach Schütte sei aus Platzgründen auf [Schütte, 1998, S. 71-74] und dort angegebene Lektüre verwiesen.

3.8 Weitere Klassifikationsansätze

Die drei bisher erläuterten Typisierungen sind die wohl bedeutendsten und meist diskutierten Ansätze in der Referenzmodellierungsforschung. Wenn diese auch die Klassifikation aller Referenzmodelle erlauben und sie theoretisch jeder nutzen kann, gibt es dennoch viele weitere Ansätze, die sich, je nach Zielsetzung, evtl. besser eignen.

Ein denkbarer Ansatz ist die Klassifikation nach Branchen und Sichten. Jedes Referenzmodell ist für eine Branche konzipiert worden und kann dieser entsprechend zugeordnet werden. Innerhalb der Branchen ist eine Typisierung nach Sichten möglich. Weisen Branche oder Sicht Unterteilungen auf, so werden diese hierarchisch angeordnet. Das Handelsinformationssystem von Becker/Schütte[9] beispielsweise wird der Branche „Handel" zugeordnet und deren Inhalte, wie z.B. dispositive und logistische Prozesse, entsprechen den verschiedenen Sichten auf die Branche, welche erneut in Teilprozesse unterteilt werden, also hierarchisch angeordnet sind. (Dieser Ansatz ist teilweise abgeleitet von [Schütte, 1998, S. 209-211])

Anhand der unterschiedlichen Sprachen, Methoden und Werkzeuge, die im Rahmen der Referenzmodellierung Anwendung finden (siehe 2.2), lassen sich ebenfalls einige sinnvolle Typisierungen ableiten. Beispielsweise macht die Einteilung der Modelle

---

[9] Vgl. Anhang 1.

anhand der zu Grunde liegenden Werkzeugunterstüzung Sinn, wenn nur bestimmte Werkzeuge verfügbar sind.

Die Aufzählung wird an dieser Stelle beendet, da viele andere denkbare Ansätze zu speziell oder abstrakt sind und damit nicht mehr gänzlich der Zielsetzung entsprechen, möglichst alle Referenzmodelle umfassende, und von jedem nutzbare Klassifikationen zu beschreiben.

4. Konfiguratives Method Engineering und konfigurative Referenzmodellierung

Wie bereits erwähnt, existiert eine enorme Anzahl an Referenzmodellen, deren Erstellung in der Literatur seit längerer Zeit umfassend diskutiert wird. Dabei gewinnt die konfigurative Referenzmodellierung in letzter Zeit immer mehr an Beachtung und es sind bereits einige Methoden und erste Werkzeuge, entwickelt worden (vgl. z.B. [Becker, 2001], [Becker, 2006b], [Becker, et al., 2007]...).

Weit weniger untersucht ist der vielversprechende Ansatz des „konfigurativen Method Engineering", was Anlass ist, diesen kurz vorzustellen und mit der konfigurativen Referenzmodellierung zu vergleichen.

4.1 Einführung in das (konfigurative) Method Engineering

[Gutzwiller, 1994] beschreibt die Zielsetzung des Method Engineering als konzeptionelle Betrachtung von Methoden, die für den Entwurf betrieblicher, transaktionsorientierter Anwendungssysteme genutzt werden. Das grundlegende Ziel ist also die Konstruktion von Methoden. Die verschiedenen Ansätze des Method Engineering nutzen hauptsächlich die Techniken Konfiguration und Aggregation. Die Entwicklung erfolgt folglich meist entweder durch reine Adaption, also Anpassung einer Methode (Konfiguration), oder durch das Zusammenfassen einzelner Teilmethoden zu einer neuen Methode (Aggregation) [Leist, 2007a].

Das Method Engineering ermöglicht zwar die Erstellung von individuell zugeschnittenen Methoden, es unterstützt aber nicht die Erstellung von adaptiven

Methoden[10]. Hier setzt das konfigurative Method Engineering an, dessen Subjekte, die Elemente einer Methode, bzw. Beziehungen zwischen diesen, sind [Pfeiffer, 2007, S. 7].

4.2 Vergleich zur konfigurativen Referenzmodellierung

Während die generische Referenzmodellierung individualisierbare Modelle erstellt, beschäftigt sich das konfigurative Method Engineering mit der Entwicklung adaptiver Methoden. Die konfigurative Referenzmodellierung umfasst also im Grunde das konfigurative Method Engineering, das die Sprache der Referenzmodellierung definiert [Schelp, 2006, S. 566]. Bei der generischen Referenzmodellierung werden Modelle, durch Ausblenden von Teilaspekten, für spezifische Nutzergruppen aufbereitet [Becker, 2006b]. Dieses Vorgehen kann auch für Methoden angewandt werden und es besteht demzufolge die Möglichkeit, mit den gleichen Mitteln, wie bei Referenzmodellen, Methoden zu bearbeiten. Dies geschieht durch den Einsatz von „configuration rules"[11], die besagen wie Modelle/Methoden für spezifische Anwendungsfälle aufbereitet werden können [Pfeiffer, 2007, S. 7].

Wie in der Literatur auch häufig vorgeschlagen (vgl. [Becker, 2006b] [Pfeiffer, 2007] [Schelp, 2006]...), kann das konfigurative Method Engineering die weiter fortgeschrittene Entwicklung generische Referenzmodellierung nutzen, um bereits vorhandene Konzepte wiederzuverwenden.

Abschließend muss noch die sehr schwache Werkzeugunterstützung bei beiden Ansätzen erwähnt werden. Neben adapt(x) und indapta, beides Add ons für das Aris Toolset, als Werkzeuge der konfigurativen Referenzmodellierung, gibt es nur noch das H2 Toolset, welches auch konfiguratives Method Engineering ermöglicht [Münster, 2006]. Prinzipiell kann man das generische manuell nachprogrammiert werden, dies ist jedoch nicht benutzerfreundlich und damit irrelevant.

---

[10] Vgl. Anhang 4 als Beispiel für ein Meta-Modells einer konfigurativen Methode.
[11] Siehe Anhang 4 und Anhang 5.

5. Fazit

Das Ziel dieser Arbeit waren ein Überblick und eine Abgrenzung des Forschungsfeldes der Referenzmodellierung. Dabei wurde, nach einer kurzen Erläuterung der Grundlagen eine klare Abgrenzung zu anderen Modelltypen (generische und Meta-Modelle) vorgenommen, die wichtigsten Klassifikationsansätze erläutert und die Möglichkeit näher gebracht, die generische Referenzmodellierung als Grundlage für die Weiterentwicklung des konfigurativen Method Engineering zu verwenden.

Grundlegender Forschungsbemühungen bedarf es in jedem Fall noch im Rahmen eines einheitlichen Referenzmodellverständnisses, das eine eindeutige Zuordnung im Rahmen der Wirtschaftsinformatik ermöglicht und Missverständnisse aufgrund unterschiedlicher Definitionen verhindert.

Noch wichtiger ist es aber, das Augenmerk auf ökonomische Sachverhalte zu richten. Wie in der Arbeit bereits erwähnt, fehlt es an Werkzeugen für die Entwicklung und Nutzung generischer Referenzmodelle. Die zunehmende Komplexität betrieblicher Vorgänge in Kombination mit genau spezifizierten Abläufen für jeden Arbeitsplatz erfordert jedoch dringend den Einsatz konfigurativer Referenzmodelle. Wer langfristig wettbewerbsfähig bleiben will, muss sich demnach unbedingt der Entwicklung entsprechender Methoden und Werkzeuge widmen.

Letztlich gilt es, Referenzmodelle auch kleinen und mittelständischen Unternehmen zugänglich zu machen, d.h. die Zeit- und Kosteneinsparungsmöglichkeiten, die aufgrund der hohen Allgemeingültigkeit der Modelle bisher größeren Betrieben vorenthalten blieben, durch vereinfachte Adaptionsmechanismen auch diesen Betrieben zu eröffnen. Zu diesem Zweck müssen Forschungsbemühungen, wie RefMod06 [Becker, 2006a], weiter ausgebaut und unterstützt werden um entsprechende Werkzeuge zu entwickeln.

Die Arbeit kann mit der Erkenntnis abgeschlossen werden, dass bisherige Methoden und Werkzeuge in Zukunft umgestaltet werden müssen, um benutzerfreundliche konfigurative Referenzmodelle erstellen zu können. Nur so kann man ökonomischen und Anwender bezogenen Anforderungen gleichermaßen gerecht werden.

Anhang

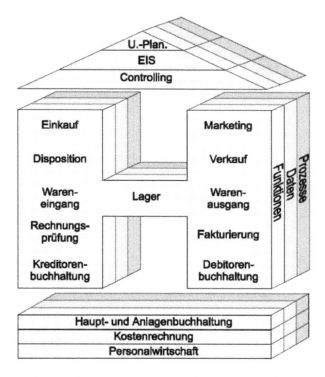

Anhang 1:Das Handelsinformationssystem von Becker/Schütte [Becker, 2004, S. 134]

GoM (Zielklassen)	Zielunterklassen und Ziele	Art der Bewertung	Skalenniveau (nominal, ordinal)
Konstruktions-adäquanz	Konsens über Problemdefinition	subjektiv	nominal
	Konsens über Modelldarstellung - Minimalität - Intra-Modelbeziehungen - Inter-Modelbeziehungen	subjektiv	nominal
Sprach-adäquanz	Sprachrichtigkeit - Konsistenz - Vollständigkeit	objektiv (s) objektiv (s)	nominal nominal
	Spracheignung - semantische Mächtigkeit - Verständlichkeit der Sprache und der Anwendung (inkl. Tool) - Formalisierung der Sprache	objektiv subjektiv objektiv	ordinal ordinal ordinal
Wirtschaft-lichkeit	Konsensfindung	subjektiv	ordinal
	Sprachverständnis- und anwendung	subjektiv	ordinal
	Übersetzbarkeit	subjektiv	ordinal
	Sichtenübergreifend	subjektiv	ordinal
Klarheit	Eindeutigkeit der Hierarchisierung Verständlichkeit des Layouts Filterung	subjektiv subjektiv subjektiv	nominal ordinal ordinal
Systematischer Aufbau	Informationssystem-Architekturen	objektiv	ordinal
	Inter-Modellsichtbeziehungen	objektiv	ordinal
Vergleichbarkeit	semantische Vergleichbarkeit	subjektiv	ordinal

(Zeilenbeschriftung links: Qualität von Modellen)

Anhang 2: Ziele der GoM und Möglichkeiten ihrer Bewertung [Schütte, 1998, S. 136]

GoM II	GoM I	Batini et al.	Krogstie et al.	Moody, Shanks	Pohl
Konstruktions-adäquanz	Richtigkeit, Relevanz	Correctness, Completeness, Minimality	Perceived semantic quality, Semantic Quality, Pragmatic Quality, Social Quality	Completeness, Integration, Correctness	Specification, Agreement
Sprachadäquanz	Richtigkeit	Correctness	Syntactic quality, Language Quality	Correctness	Represen-tation
Wirtschaftlichkeit	Wirtschaftlichkeit (andere Kriterien)	Extensibility	Als Feasibility bei relevanten Grund-sätzen expliziert.	Flexibility, Simplicity, Implementability	
Klarheit	Klarheit (teilweise andere Kriterien)	Expressiveness, Readibility, Self-explanation	Pragmatic Quality	Simplicity, Understandability	
Systematischer Aufbau	Systematischer Aufbau Richtigkeit			Integrity, Completeness[154]	
Vergleichbarkeit	Vergleichbarkeit (ohne Nennung von Kriterien)		Social Quality	Integration	Represen-tation
		Normality	Physical quality	Implementability	
			Knowledge quality		

Anhang 3: Die GoM II im Vergleich zu anderen Qualitätssicherungsansätzen [Schütte, 1998, S. 166]

17

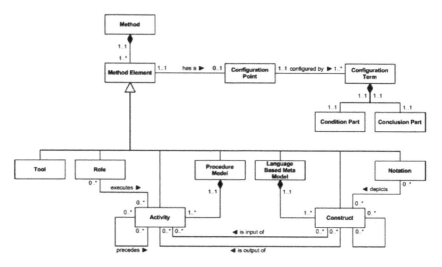

Anhang 4: Meta Modell einer konfigurativen Methode [Pfeiffer, 2007, S. 7]

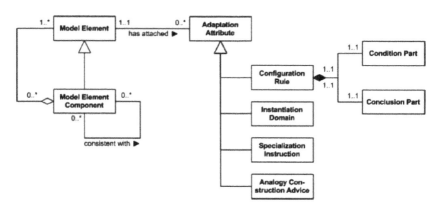

Anhang 5: Meta Modell des generischen Teils eines adaptierbaren Referenzmodells [Pfeiffer, 2007, S. 2]

18

Literaturverzeichnis

[Allisat, 2002]

Allisat, J. , Esswein, W. , Greiffenberg, S. 2002. Ein Schichtendiagramm zur dreidimensionalen Modellrepräsentation. . [Buchverf.] Markus P. Elmar J. S. Modellierung betrieblicherInformationssysteme - MobIS 2002 - Proceedings der Tagung MobIS 2002 im Rahmen der Multi-Konferenz Wirtschaftsinformatik (MKWI 2002) vom 9. bis 11. September 2002, 10. September 2002 in Nürnberg.(S. 53-68). Bonn : GI, 2002.

[Batini, 1992]

Batini, C.,Ceri, S., Navathe, S. B. 1992. Conceptual Database Design: An Entity-Relationship Approach. Redwood City, California : The Benjamin/Cummings Publishing Company Inc., 1992.

[Becker, 2004]

Becker, J., Delfmann, P. 2004. Referenzmodellierung - Grundlagen, Techniken und domänenbezogene Anwendung. Heidelberg : Physica - Verlag, 2004. ISBN 3-7908-0245-X.

[Becker, et al., 2007]

Becker, J., Delfmann, P. und Rieke, T. 2007. Fachkonzept eines konfigurativen Referenzmodellierungswerkzeugs, In: Effiziente Softwareentwicklung mit Referenzmodellen S.11-32. Berlin et al. : Physica, 2007.

[Becker, 2007]

Becker, J., Delfmann, P., Riecke, T. 2007. Referenzmodellierung - Perspektiven für die effiziente Gestaltung von Softwaresystemen In: Effiziente Softwareentwicklung mit Referenzmodellen S.1-9. Berlin et al. : Physica, 2007.

[Becker, 2006a]

Becker, J., Delfmann, P., Rieke, T. 2006. RefMod06 - Wiederverwendung fachkonzeptioneller Softwaremodelle für kleine und mittlere Softwareunternehmen durch adaptive, komponentenorientierte Referenzmodellierung. In: Proceedings of the Eröffnungskonferenz Software Engineering. Berlin : BMBF, DLR, 2006.

[Becker, 2001]

Becker, J., Knackstedt, R., Kuropka, D., Delfmann, P. 2001. Subjektivitätsmanagement für die Referenzmodellierung: Vorgehensmodell und Werkzeugkonzept. In: Proceedings of the KnowTech. Dresden : KnowTech 2001, 2001.

[Becker, 2006b]

Becker, J.,Janisch, Ch.,Knackstedt,R.,Kramer,S.,Seide,S. 2006. Konfigurative Referenzmodellierung mit dem H2 Toolset In: Arbeitsberichte des Instituts für Wirtschaftsinformatik. Münster : Becker et al., 2006. ISSN 1438-3985.

[Chen, 1976]

Chen, P., P., -S. 1976. The Entity Relationship Model. Toward a Unified View of Data. ACM Transactions on Database Systems, 1. New York : ACM, 1976. ISSN 0362-5915.

[Chmielewicz, 1994]

Chmielewicz, K. 1994. Forschungskonzeptionen der Wirtschaftswissenschaft. Stuttgart : Poeschel , 1994.

[Davis, 2000]

Davis, R. 2000. Business Process Modelling with Aris: A practical Guide. Berlin : Springer Verlag, 2000. ISBN 1852334347.

[European Research Center for Information Systems (ERCIS), 2006]

European Research Center for Information Systems (ERCIS). 2006. Kompetenzzentrum Referenzmodellierung Münster. [Online] European Research Center for Information Systems (ERCIS), 2006. [Zitat vom: 18. 12 2007.] http://www.ercis.de/ERCIS/research/competencecenter/refmod/index.html.

[Fettke, 2004]

Fettke, P., Loos, P. 2004. Referenzmodellierungsforschung - Langfassung eines Aufsatzes. Mainz : Universität Mainz, 2004. ISSN 1617-6324.

[Gutzwiller, 1994]

Gutzwiller, T. 1994. Das CC RIM-Referenzmodell für den Entwurf von betrieblichen, transaktionsorientierten Informationssystemen. Heidelberg : Physica Verlag, 1994. ISBN 3790807621.

[Hars, 1994]

Hars, A. 1994. Referenzdatenmodelle : Grundlagen effizienter Datenmodellierung. Wiesbaden : Gabler (Schriften zur EDV-orientierten Betriebswirtschaft) Zugl.: Saarbrücken, Univ.,Diss., , 1994.

[Holten, 2003]

Holten, R. 2003. Integration von Informationssystemen - Theorie und Anwendung im Supply Chain Management. Münster : Westfälische Wilhelms-Universität Münster, 2003.

[Krogstie, 1995]

Krogstie, J., Lindland, O. I., Sindre, G. 1995. Towards a Deeper Understanding of Quality in Requirements Engineering, IN: Lyytinen, K., Rossi, M.: Advanced Information Systems Engineering, CAiSE'95. Computer Science. Vol. 932, 1995.

[Lehner, 1995]

Lehner, F. 1995. Modelle und Modellierung. . [Buchverf.] F., Hildebrand, K., Maier, R. Lehner. Wirtschaftsinformatik: Theoretische Grundlagen. München : Hanser, 1995.

[Leist, 2007a]

Leist, S. 2007. Business Engineering II: Werkzeuggestützte Unternehmensmodellierung. Vorlesungseinheit 10/11:Method Engineering. Regensburg : s.n., 2007.

[Leist, 2007b]

Leist, S. 2007. Business Engineering II: Werkzeuggestützte Unternehmensmodellierung. Vorlesungseinheit 3/4: Qualitässicherung. Regensburg : s.n., 2007.

[Moody, 1998]

Moody, D. L., Schanks G. G., Darke, P. 1998. Improving the Quality of Entity Relationship Models, Experience in Researche and Practice In: Conceptual Modeling - ER '98: 17th International Conference on Conceptual Modeling, Proceedings (Lecture Notes in Computer Science). Berlin : Springer Verlag, 1998. ISBN 3540651896.

[Münster, 2006]

Münster, Kompetenzzentrum Referenzmodellierung. 2006. ERCIS. [Online] ERCIS, 2006. [Zitat vom: 5. Januar 2008.] http://www.ercis.de/ERCIS/research/competencecenter/refmod/index.html.

[Nüttgens, 1995]

Nüttgens, M. 1995. Koordiniert-dezentrales Informationsmanagement - Rahmenkonzept,Koordinationsmodelle und Werkzeug-Shell. Wiesbaden : Gabler, Betriebswirt.-Vlg, 1995. ISBN 3409121501.

[Pfeiffer, 2007]

Pfeiffer, D., Janiesch, C. 2007. Configurative Method Engineering - On the Applicability of Reference Modeling Mechanism, in: Method Engineering. Keystone, CO, USA : 13th Americas Conference on Information Systems (AMCIS), 2007.

[Pohl, 1996]

Pohl, K. 1996. Process-Centered Requirements Engineering. Taunton, Somerset : Research Studies Pr, 1996. ISBN-10: 0863801935.

[Raffée, 1995]

Raffée, H. 1995. Grundprobleme der Betriebswirtschaftslehre. Göttingen : Vandenhoeck & Ruprecht, 1995. ISBN 3 525 03101 7.

[Rupprecht, 1999]

Rupprecht, C., Peter,G., Rose, Thomas. 1999.. Ein modellgestützter Ansatz zur kontextspezifischen Individualisierung von Prozessmodellen. Wirtschaftsinformatik. Heft 3, 1999.

[Scheer, 1992]

Scheer, A., -W. 1992. Architektur integrierter Informationssysteme. Grundlagen der Unternehmensmodellierung. Heidelberg : Springer Verlag, 1992. ISBN 3-540-41601-3.

[Scheer, 1997a]

Scheer, A.-W. 1997. ARIS – House of Business Engineering: Konzept zur Beschreibung und Ausführung von Referenzmodellen. Münster : Westfälische Wilhelms-Universität (Arbeitsberichte des Instituts für Wirtschaftsinformatik), 1997.

[Scheer, 1997b]

Scheer, A.-W. 1997. Wirtschaftsinformatik - Referenzmodelle für industrielle Geschäftsprozesse. Berlin : Springer Verlag, 1997.

[Schelp, 2006]

Schelp, J., Winter, R. 2006. Method engineering: lessons learned from reference modeling. Clarcmont, CA : DESRIST, 2006.

[Schütte, 1998]

Schütte, Reinhard. 1998. Grundsätze ordnungsmäßiger Referenzmodellierung. Wiesbaden : Gabler, 1998. ISBN 3-409-12843-3.

[Thomas, 2006]

Thomas, O. 2006. Das Referenzmodellverständnis in der Wirtschaftsinformatik: Historie, Literaturanalyse und Begriffsexplikation. In: IWi - Veröffentlichungen des Instituts für Wirtschaftsinformatik im Deutschen Forschungszentrum für Künstliche Intelligenz, 187;1-35. Kaiserslautern : Veröffentlichungen des Instituts für Wirtschaftsinformatik im Deutschen Forschungszentrum für Künstliche Intelligenz, 2006.

[van der Aalst, 2006]

van der Aalst, W.M.P, Dreiling, A, Gottschalk, F, Rosemann, M., Jansen-Vullers, M.H. 2006. Configurable Process Models as a Basis of Reference Modeling. Berlin, Heidelberg : Springer-Verlag, 2006.

[vom Brocke, 2003]

   vom Brocke, Jan. 2003. Referenzmodellierung , Gestaltung und Verteilung von Konstruktionsprozesen. Berlin : Logos Verlag, 2003. ISBN 3-8325-0179-7.

[Winter, 1999]

   Winter, A., Becker,K., Bott,O. et.al. 1999. Referenzmodelle für die Unterstützung des Managements von Krankenhausinformationssystemen; Informatik, Biometrie und Epidemiologien in Medizin und Biologie. s.l. : Urban und Fischer, 1999.

www.ingramcontent.com/pod-product-compliance
Lightning Source LLC
LaVergne TN
LVHW042127070326
832902LV00037B/1073